THÈSE

POUR

LA LICENCE.

TOULOUSE,
TYPOGRAPHIE TROYES OUVRIERS RÉUNIS,
RUE SAINT-PANTALÉON, 3.

A LA MÉMOIRE DE MON PÈRE!

A MA MÈRE,

A MON FRÈRE, A MA SOEUR,

A tous ceux qui me sont chers.

ACTE PUBLIC

POUR

LA LICENCE

En exécution de l'Article 4, Titre 2, de la Loi du 22 Ventôse an XII.

SOUTENU PAR

M. COUDERC (Achile),

Né à Toulouse (Haute-Garonne.)

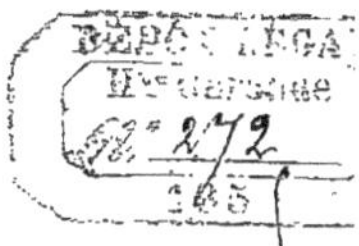

Jus Romanum.

TITULUS XX.

De Legatis.

(A primo usque ad vigesimum paragraphum.)

In primis animavertendum est quodnam adsit discrimen inter heredem et legatarium. Heres personæ defuncti vicem sustinet; legatarius
autem succedit in hereditarias opes.

1855

Undè legatum esse modum et titulum acquirendi singularem. Et ideò licet universitas, pars bonorum, aut hereditas alicui legata sit, quod fieri posse constat, tamen hunc legatarium non fieri juris successorem, proindè nec ullas actiones aut active aut passive in eum transire. Ob quam causam olim factum, ut stipulationes partis et pro parte inter hujus-modi legatarium et heredem interponerentur.

Quatuor olim legabatur modis : per vindicationem, per damnationem, sinendi modo, per præceptionem. Inter hæc legata, discrimen ex verbis nascebatur.

Per vindicationem legato, post aditam hereditatem statim res legatarii fit. E sic appellatur quia rem legatarius vindicare potest. Sed eas res solas per vindicationem legare poterat testator quorum dominium et mortis et testamenti facti tempore habebat. Rebus exceptis quæ pondere, numero, mensuráve constant. Horum dominium mortis tempore placuit sufficere.

Quandò per damnationem legatur, res legatarii non fit, sed iste in personam agere debet, id est intendere heredem sibi dare oportere. Sic omnia legantur quæ in obligationem venire possunt. Undè optimum jus legati dicitur.

Damnatur heres sinere per sinendi modo legatum ut legatarius capiat. Heredis et testatoris res sic legatur; nunquam res aliena in possessionem rei veniendo, tantumodo dominus fit legatarius, sed in personam actionem habet.

Multum disputatur super legatum per præceptionem. Sabiniani putant coheredi solum fieri posse; dominio per eum non transiente, judicium familiæ erciscundæ legatario competebat et solæ res hereditariæ in eum veniebant. Sed diversæ scholæ auctores, præ syllabam auferèntes, eum quasi per vindicationem legatum valere putant. Nullum ex jure civili si extraneo factum esset Julianus ait, sed valere quasi per damnationem ex S. C. Neroniano.

Paulatim tamen evanescunt hæ subtilitates. Primùm S. C. Neronianus jubet : ut quod minùs aptis verbis legatum est, perinde sit ac si optimo jure legatum esset. (Ulp. R. 24. § 11) Deindè Constantino imperatore,

ablatæ sunt formulæ ; et in postremis ergò judicis ordinandis « amota
« erit solemnium verborum necessitas : ut, quibuscumque verbis uti
liberam habeant facultatem. » (C. 6. 23, 15). In legatis vel fideicommissis
necessaria non sit verborum observantia. (C. 6. 37, 21). Omnibus deni-
que legatis unam attribuit naturam Justinianus. Nunc omnia legata pe-
tuntur actione personali , vel reali vel etiam hypothecariâ. Legatorum
dominium statim a morte testatoris legatario acquiritur , si legatum non
repudiet , proptereà eum rectè vindicat actione hypothecariâ legata pe-
tuntur, quia res hereditariæ tacitè legatario sunt oppignoratæ, et ideò eas
legatarius persequitur jure taciti pignoris.

Complures aliæ erant olim differentiæ inter legatum et fideicommis-
sum. Justinianus legata fideicommissis omnimodo exæquavit, ità ut, si
quâ in re meliori conditione aut jure essent fideicommissa, idem, jus hodiè obtineat in legatis. Itaque hodiè legatum ab intestato relinquitur ; hodiè quoque legatum a legatario potest relinqui. Propter hanc causam,
Justinianus novam legati definitionem tradidit, et dixit esse : donationem
a defuncto relictam.

His positis, tractandum 1o quæ res dari, legari possint, vel non possint : 2° de interitu, incremento et decremento rei legatæ ; 3° de jure
accrescendi.

₰ 1. *Quæ res legari possint vel non possint.*

Legatum diximus esse modum et titulum adquirendi : unde non posse
acquiri, veluti res cujus non est commercium, et non posse legari sunt
unum et idem. Testatoris autem et heredis, quin etiam res aliena rectè
legatur. Defunctus attamen rem alienam esse scire debet. Forsitan enim
non legasset si scisset alienam. Et veriùs esse legatarium probare oportere scisse defunctum alienam rem esse, quia necessitas probandi incum-
bit ei qui agit.

Idem dicendum est quod ad scientium testatoris attinet de legato rei
obligatæ creditori. Heres luere debet, nisi aliud expresserit defunctus. Res

aliena legata, vivo testatore ad legatarium pervenit. Quæstio est utrum heres teneatur legatario æstimationem præstare. Distinguendum : aut legatarius adquisivit rem legatam ex causâ lucrativa, aut ex causa onerosâ. Priori casu, cessat omnis actio ex testamento, et legatum non debetur. Duæ enim causæ lucrativæ in cumdem hominem, et in eamdem rem concurrere non possunt. Posteriori casu, valet legatum, et actione, ex testamento legatarius pretium consequi potest.

Quod si fundus alienus mihi legatus sit, et ego nudam proprietatem à vero domino emam, postea autem ususfructus ex causa lucrativâ ad me perveniat, hìc fundum, hoc est plenam proprietatem petere possum, quia ususfructus servitutis locum obtinet. Judex tamen heredem condemnabit in estimationem nudæ proprietatis tantum.

Legatum debiti.—Debitoribus ea quæ debent recte legantur, licet domini eorum sint. (Ulp. Dig. 34. 3. 1.) Liberationem debitori posse legari jam certum est. Hæc verba diluunt objecta acuta eorum qui dicunt inutile esse legatum, quia rei legatæ jam dominus est legatarius.

Liberationis legato, non extinguitur obligatio. Exceptionem doli mali ad repellendum heredem legatarius habet. At ne semper heredis actioni expositus maneat, nos docet Ulpianus actionem ex testamento legatario competere ut liberari possit : «Sive à me petatur, exceptione uti possum; » sive non petatur possim agere ut liberer per acceptilationem.» (Dig. 34. 3. 3. §'3.) Non solum cæterum nostrum debitorem sed et heredis et cujuslibet alterius, ut liberetur, legare possumus.

At si debitor creditori quod debet legaverit, inutile est legatum, si nihil plus est in legato quam in debito. Cum attamen ex legato nunc nascuntur non solum personalis actio sed etiam in rem et hypothecariararum erit ut non sit utilior legatum quam nomen.

Legatum dotis. — Dos frequenter apud Romanos legabatur quia uxori utilior erat actio ex testamento quàm rei uxoriæ. In fundo etenim verbi gratia collocata dote, si ex testamento uxor agat actione, impensas ad conservationem dotis factas non solvet ; solvet contra ex rei uxoriæ actione. Si uxor sine dote venit, utile tamen est legatum de dote, dummodò certum corpus sit demonstratum. Quod si simpliciter, inutile foret.

§ 2. — *De interitu, incremento et decremento rei legatæ.*

Si sine facto heredis perierit res legata, legatario perit. Quod si ante diem cedentem res periit, nunquam jus ullum competivit legatario. Post diem cedentem, perit adhuc legatario, sed rei reliquias vindicare potest.

Si dissimilia objecta in legatum veniunt, uno avulso, non deficit alter. Quod si contra periit principale, periit etiam accessorium.

Grex et peculium sunt universitas quæ crescit aut decressit. Quandò legatur, universitas talis accipienda est, qualis cum dies cedit. Extraneo, mortis tempore, servo, aditionis tempore dies cedit.

Hic § 12 cum ademptione legatorum congruit. Jure prætorio faciliori jure civili, admittebatur mutationem voluntatis testatoris adimere legatum. Hic quæritur quod eveniat an alienetur vel oppignoretur res legata.

Distinguunt Celsus et divi Severus et Antoninus an animo redimendi vendidit testator vel non. Posteriori casu utile remanet legatum. In eam sententiam licet non concurrant omnes tamen Justinianus consecrat, et merito : cum etenim legari possit res aliena, legatum non redimit alienatio ipsa, sed mutatio voluntatis.

At si rem suam testator legaverit, camque necessitate urgente alienaverit, legatum peti posse, nisi probetur adimere ei testatorem voluisse ; probationem autem mutatæ voluntatis ab heredibus exigendam. Contra autem, si res alienatur eum animo donandi. (Dig. 34, 4, 18 Mod.)

Rem legatam testator si postea pignori deducit, ex eo voluntatem mutasse non videtur. Nam primo, retinetur proprietas, et cæterum, necessitate urgente, res oppignoratur. (Paulus, Sent. 3, 6, § 16.)

§ 3. — *De jure accrescendi.*

Testamenti justi quædam interdum secundariæ partes infirmantur, et triplici modo : aut pro non scripto est legatum, aut inutile, aut scriptitium : posteriori casu, ad fiscum collatum est.

Cùm pro non scripto, aut inutile sit legatum, primum videtur ad heredem regredi. Deficienti legatario nihil debetur. Contrà autem evenit, si plures sint legatarii, aut propter legem Papia Poppæam. Et vero, eodem testamento pluribus re eadem legata, deficiente uno, alii supersunt.

Collegatarii, aut conjuncti aut disjuncti sunt; conjuncti aut re, aut re et verbis, aut verbis tantum.

Hac quæstione accuratè tractandâ, tria tempora inspici debent. 1o Quando quatuor modis legatur, sed antè legem Papia Poppæam.

Ex verbis jam diximus inter omnia hæc legata nasci discrimen. Secundum verba testatoris mutatur etiam jus accrescendi.

Quando per vindicationem legatur, dominium in solidum collegatarii habent; concursu solum res divisa est. Non propriè in hoc casu dicitur, jus accrescendi, potiùs autem adest jus non decrescendi. Contra si verbis tantum conjuncti sint, quisque, licet pro indiviso, pro parte dominus est. Jura eorum inter se aliena sunt.

Quandò per damnationem, nunquam adest jus adcrescendi : aut enim conjuncti aut disjuncti sunt collegatarii. Primo casu, commune nomen in solidum relinquitur. At nomina proprio jure dividuntur. «In hoc judicium est si nomina non veniunt, etc. » (Dig. 10, 2, 2, § 5.)

Jus accrescendi cessat, non immerito, quoniam damnatio partes facit. (Vat. frag., § 85, 87.)

Posterióri casu, totidem nomina quot sunt dispositiones ; concursu nulla fit distributio : Singulis singula res debebitur, ut scilicet heres alteri rem, alteri ejus æstimationem præstare debeat. (G. 11, 205.)

§ 2. — *De ratione legis Papiæ Poppæa.*

Corruptos mores lege Papia Poppæâ corrigere expertus est Augustus. Juri adcrescendi modum duplicem adhibuit : 1º Omnimodo aut partitò recipere non possunt cælibes et orbi ; 2º aditione et die cedente usqne apertas tabulas retrolatis, sæpè evenit ut legata ceciderunt. Undè caduca dicuntur : quod quis sibi testamento relictum ità ut jure civili capere possit, aliquâ ex causâ non caperit, caducum appellatur, velut ceciderit ab eo. (Ulp. de caducis).

Tum deficientis portiones ad eos pertinent qui in eo testamento liberos habent, non jure accrescendi sed novâ acquisitione : undè adhuc dicitur : jus caduca vindicandi et hic modus adquisitionis inter legitimos numeratur. Nobis acquiritur ex lege Papia Poppæâ. (Ulp. 19, § 17).

Nos docet Gaïus quomodo caduca deferuntur (11. 207) : « et quamvis » prima causa sit, in caducis vindicandis, heredum liberos habentium, » deindè si liberos non habeant, legatariorum liberos habentium, ta- » men ipsâ lege Papia significatur ut collegatarius conjunctus, si liberos » habeat, potior sit heredibus, etiamsi liberos habebunt. Sed cum suo onere » fiebant caduca. »

Omnibus deficientibus fisco collata erant. Brevi tamen ex constitutione imperatoris Antonini omnia caduca fisco vindicantur.

Liberis et parentibus testatoris usque ad tertium gradum lex Papia jus antiquum dedit. (Ulp. 18.)

§ 3.

Legem Papiam sustulit Justinianus, et suâ vice jus adcrescendi constituit.

Semper adest sed non modo eodem : conjuncti re et verbis, volentes accrescunt collegatarii ; sed cum onere transit legatum. Re conjuncti vi accrescunt, sed sine onere. Et merito : posteriori casu , multiplici largitione, jus potius non decrescendi adest. Priori casu contra semper adest, jure indiviso relicto.

Mortuo post diem cedentem legatario , illius heredes accrescunt. Quia retro accrevisse dominium ei videtur. (Dig. 9. 2. 17. § 1.) Et hoc evenit licet pars mortui legatarii supersit vel non ; veluti , verbi gratiâ, in usufructu : interdum pars ususfructus et non habenti partem suam, sed omittenti accrescit..... Usufructus enim personæ accrescit et si fuerit amissus. (Dig. 2, 10. Ulp.)

Code Napoléon.

TITRE XX.

De la Prescription.

(De l'Art. 2260 à 2281.)

CHAPITRE V.

Du temps requis pour prescrire.

Section I.

Dispositions générales.

La prescription admise comme une sauvegarde nécessaire du droit de propriété, comme un principe d'ordre public, fondé sur la nature même, sur la raison humaine, et sur les règles d'une saine morale, quoiqu'elle puisse souvent être blessée dans quelques applications de détail, il restait au législateur un second point important à régler, celui de la durée du temps acquis pour prescrire. Après combien d'années, la possession se transformera-t-elle en un droit inattaquable? Après combien d'années les rapports de débiteur à créancier seront-ils censés éteints? La bonne foi sera-t-elle mise sur la même ligne que la mauvaise foi? Questions encore une fois aussi délicates qu'importantes : Que d'intérêts également sacrés n'y a-t-il pas à concilier? A cet égard rien de moins uniforme que l'ancienne jurisprudence. Notre législateur, prenant en considération tou-

2

tes circonstances, établit au contraire des règles sages, générales et absolues. Elles sont l'objet du chapitre V, dont nous suivrons les divisions.

Et d'abord, la prescription, porte l'art. 2,260, se compte par jour et non par heure, *de die ad diem, non de momento ad momentum*. Ce n'est donc pas tel nombre de délais de 24 heures que la loi exige, mais tel nombre de jours commençant chacun à minuit pour finir à minuit. Ainsi s'évanouissent les difficultés qui se seraient élevées s'il avait fallu rechercher à quel moment du jour on a passé tel acte, ou commencé telle possession.

On appelle dans la doctrine le point de départ de la prescription, *dies à quo* : le terme *dies ad quem*. Pour le *dies ad quem* pas de difficultés, il doit être complet (art. 2261), de telle sorte qu'une interruption survenue dans les dernières heures du dernier jour, suffirait pour empêcher la prescription. Le *dies à quo* ne compte pas dans le délai, lequel ne commencera utilement que le lendemain.

Une dernière règle générale pour le calcul des délais, c'est que les mois et les années doivent se prendre tels qu'ils sont réglés par le calendrier Grégorien, et sans avoir égard à leur inégalité respective. Ainsi, le délai d'un an n'est accompli dans les années bissextiles qu'après 366 jours, au lieu de 365, etc...

Enfin, si le dernier jour est un jour de fête légale, il n'en compte pas moins pour la prescription.

SECTION II.

De la prescription trentenaire.

La prescription la plus longue consacrée par le Code, est celle de trente ans. Elle atteint toutes les actions personnelles, réelles ou mixtes, si elles ne sont pas soumises à une prescription plus courte. Le législateur a trouvé avec raison ce temps assez long pour ne point exiger ici, et juste titre et bonne foi.

Mais quoique l'art. 2262 soit muet sur ce point, il va sans dire, que la prescription ne résulte pas du seul fait que 30 ans se sont accomplis, toutes les autres conditions légales doivent se réunir à ce fait. L'action en revendication d'un immeuble ne sera éteinte par exemple que si le défendeur a eu pendant trente ans une possession revêtue des caractères nécessaires pour acquérir par prescription.

L'article précité ainsi que l'article 1304 ne disent rien des exceptions. Ce silence a fait naître une controverse assez vive entre les auteurs et la jurisprudence. On demande si les exceptions échappent à la prescription de trente ans, en d'autres termes, si la vieille maxime romaine : *quæ temporalia sunt ad agendum perpetua sunt ad excipiendum*, est encore en vigueur sous l'empire de notre législation française.

Dans toute controverse juridique, il me semble qu'on doit, avant tout, consulter le texte de la loi; qu'a voulu le législateur? Telle est la première question qu'on doit se poser; et quand cette volonté apparaît claire, manifeste, on doit l'accepter : *statuit lex*; l'interprétation doit s'arrêter là. C'est au législateur à refaire la loi si elle n'est plus en harmonie avec les idées, les mœurs de l'époque. Or, en traitant l'art. 1304, à l'occasion duquel la question se présente plus particulièrement, le législateur s'est prononcé d'une manière bien manifeste, témoin le rapport au Tribunat; il commence par opposer l'acte nul à l'acte annulable, pour le premier, on pourra proposer la nullité par voie d'exception à toute époque ; pour le second, on ne le pourra que dans le délai de l'art. 1304, puis le législateur ajoute :

« Lorsqu'il s'agit d'un engagement contracté sans objet ou sans cause,
» ou pour une cause illicite, il est tout simple que celui qui a souscrit
» l'engagement, à quelle époque qu'il soit poursuivi, soit admis à ré-
» pondre qu'il n'y a pas d'obligation. Mais lorsqu'il s'agit d'un mineur,
» d'une femme mariée, ne serait-il pas extraordinaire que le temps de
» l'action fût limité... Un laps de temps sans réclamation doit faire pré-
» sumer la ratification. » Quoi de plus explicite ?

Cette décision du reste, est conforme à l'économie générale de notre Droit. D'abord on peut dire que toute demande proposée par le défendeur se transforme en action : *reus excipiendo fit actor*. Et puis, l'art. 1304, s'occupant de la huitième cause d'extinction d'obligation, limite à dix ans l'action en nullité. Mais l'annnlation demandée et obtenue par voie d'exception éteint aussi bien l'obligation que celle qui résulte d'une action proprement dite. Sous l'empire du Droit romain, on comprend cette perpétuité de l'exception. Ici, elle est de toute justice; elle est réclamée par le formalisme de ce droit. A Rome, quand on avait été victime d'un dol, on n'avait pas le droit d'intenter l'action tant que le contrat entaché de nullité n'avait pas été exécuté. On ne pouvait le faire annuler que par voie d'exception, sur la poursuite de l'adversaire. L'équité voulait donc que l'exception durât autant que l'action. Mais aujourd'hui, on peut prendre l'offensive; l'inaction pendant dix années est donc une preuve de la ratification de l'acte. Donc le mineur, l'interdit, n'ont que dix ans pour proposer toute demande soit principale, soit reconventionnelle. Donc, pour généraliser, toute exception qui n'est pas soumise à une prescription plus coùrte, est soumise à celle de trente ans.

Tout droit se prescrit donc pas trente ans. C'est la règle générale, et nous avons dit qu'elle était fondée sur l'intérêt de la société, sur l'ordre public. Cependant, le législateur ne veut point consacrer la spoliation; toujours, il nous offre des moyens de faire valoir nos droits, afin que la justice, cette autre condition de l'ordre public, soit toujours respectée. L'art. 2263 contient un de ces moyens relativement aux rentes.

Dans une rente il y a deux choses qu'on ne saurait trop distinguer : les produits annuels ou arrérages se prescrivant par cinq ans (art. 2277) et le droit de rente en lui-même, c'est-à-dire le pouvoir de venir chaque année demander au débit rentier une certaine somme. Ce droit principal est soumis à la prescription trentenaire.

Mais le crédit rentier n'est-il pas en quelque sorte à la disposition de son débiteur? Celui-ci, s'il est de mauvaise foi, ne peut-il pas invoquer la prescription en objectant que le créancier est resté dans l'inaction pendant trente ans. Comment le réfuter? N'a-t-il pas toutes les quittances qui impliquent une reconnaissance du droit? La loi vient au secours du crédit rentier. Elle l'autorise à demander à son débiteur chaque vingt-huit ans un titre nouvel que ce dernier doit fournir à ses frais.

Quel est le point de départ de cette prescription? Nous croyons que c'est la date du titre constitutif de la rente. Cette question toutefois est controversée, et la doctrine de quelques auteurs, notamment de M. Vazeille, vient d'être récemment confirmée par un arrêt de la Cour de Bordeaux (16 juillet 1851).

On prétend que la prescription ne doit courir qu'à partir de l'échéance du premier terme d'arrérages. On invoque l'art. 2257 qui formule ce principe naturel que la prescription ne peut courir que lorsque l'action peut s'exercer. Or ici, pas d'action avant la première échéance, pas d'exigibilité. Cette doctrine nous paraît erronée. Elle confond d'abord le droit de rente avec les arrérages, et puis son principe fondamental est une impossibilité. Dire en effet que la prescription ne court pas à partir de la date du titre, parce qu'il n'y a pas encore exigibilité, c'est dire que la rente est imprescriptible. N'est-il pas de l'essence de la rente de ne pouvoir être exigée? Et n'en est-il pas ainsi après la première année comme après la vingtième? Aussi certaines coutumes partant du principe de l'exigibilité, avaient admis l'imprescriptibilité de la rente : « Non payer rentes n'engendre prescription. » (Desjaunaux, t. 3, § 16). Les arrérages seuls sont exigibles; seuls, ils pourraient donc être prescrits. On a beau dire que la rente ne consiste que dans l'ensemble des prestations. C'est confondre encore une fois deux choses différentes. Et puis la prescription ne peut s'appliquer qu'aux arrérages échus, jamais à ceux qui sont à échoir. Chaque année apporte une nouvelle dette : *Singulis annis nova nascitur actio*. De telle sorte que pour repousser toute demande il faut invoquer la prescription de la créance capitale et génératrice d'arrérages. Ce qui est impossible d'après la doctrine contraire, puisque cette créance capitale n'est pas exigible. Il fallait de deux choses l'une, ou repousser absolument la prescription ou l'admettre immédiatement dès que le droit est pur et simple, et sans attendre une exigibilité qui ne sera jamais. Telle était du reste l'ancienne jurisprudence, et le législateur de 1804 l'a consacrée. Si l'on ne permettait tout d'abord, a-t-il été dit au sein du

Conseil d'Etat , l'action en renouvellement qu'après 29 ans *du titre précédent* , c'est qu'une année était suffisante pour poursuivre le titre nouvel. Ces paroles et autres aussi expressives prouvent d'abord que les rentes sont prescriptibles, et qu'elles le sont à partir de la date de leur titre.

Enfin l'art. 2264 nous apprend que les règles générales du titre n'abrogent pas les règles qui sont propres à certaines prescriptions ; en sorte que ces prescriptions sont soumises au droit commun des prescriptions, et d'autre part au droit exceptionnel créé pour elles.

SECTION III.

De la prescription par dix et vingt ans.

Des conditions nouvelles sont ici exigées pour prescrire, des conditions dignes de toute faveur, la bonne foi et un juste titre. Ici, du moins à la surface des choses, tout se passe légalement, il y a une acquisition matérielle sinon juridique; l'équité demandait qu'on ne laissât pas trop longtemps dans l'incertitude les droits de cet acquéreur apparent. Aussi , la loi abrégeant le temps requis pour prescrire, n'exige-t-elle qu'une possession de dix à vingt ans.

Les conditions exigées sont au nombre de trois : 1o un juste titre ; 2o la bonne foi ; 3o une possession de dix à vingt ans.

On peut définir le juste titre, celui qui aurait conféré le droit de propriété, s'il était émané du véritable propriétaire capable d'aliéner. N'auraient pas cette qualité de juste titre, dans le sens de l'art. 2255, un jugement passé en force de chose jugée, un partage. Car les jugements, sauf les jugements d'adjudication qui sont de véritables ventes, et les partages, sont purement déclaratifs non attributifs. Il doit être réel, non putatif.— Contrairement au Droit Romain, il est chez nous un des éléments obligés de la bonne foi, le législateur ne la voit que là où il se trouve. L'article 550 dit en effet que le possesseur de bonne foi est celui qui possède comme propriétaire en vertu d'un titre translatif de propriété dont il ignore les vices. — Un titre conditionnel ne suffirait pas non plus : comment avec un pareil titre se croire propriétaire? il faut enfin qu'il soit valable. L'article 2267 ne parle que des vices de forme ; mais un acte peut être nul pour d'autres causes, pour erreur, violence ou dol. Dans ce cas , il faut distinguer entre les nullités absolues et les nullités relatives. Les premières étant d'ordre public, le propriétaire pourrait les invoquer ; pour les secondes il ne le pourrait pas, à moins qu'il ne fût dans le cas de l'article 1166.

La seconde condition requise est la bonne foi. Elle se compose de trois éléments : 1o Il faut que l'acquéreur ait cru l'aliénateur propriétaire ; 2o qu'il l'ait cru capable d'aliéner ; 3o que le titre de transmission ait été , à ses yeux, pur de toute espèce de vices. Ces trois éléments sont nécessaires pour que la bonne foi soit complète , et digne des faveurs de la loi. Admis par le Droit Romain, ils doivent l'être *à fortiori* par le Droit moderne qui s'est montré plus sévère sur la bonne foi. Le premier élément est de toute évidence; le second et le troisième ne le sont pas moins. Comment ferait-il un acte légal celui qui saurait que son vendeur ne peut aliéner ou qui emploirait des manœuvres frauduleuses ?

La bonne foi se présume toujours, et ne doit exister qu'au moment de l'acquisition. Le Code a adopté la règle romaine : *Mala fides superveniens non impedit usucapionem.*

Il faut une possession de dix à vingt ans . Nous disons de dix à vingt ans, car le nombre d'années peut varier entre un minimum de dix et un maximum de vingt, si le véritable propriétaire habite tantôt dans le ressort, tantôt hors du ressort de la Cour où est situé l'immeuble que l'on possède à fin de prescrire. Alors, en effet, il faut ajouter aux années de présence un nombre d'années double de ce qui manque pour faire dix ans. Si le propriétaire habite dans le ressort, dix ans suffiront, tandis qu'il en faudra vingt dans le cas contraire.

Le Code prend pour base de son calcul le domicile de fait ou la résidence, et non le domicile de droit. Pothier, guide ordinaire des rédacteurs du Code, disait :

« Bien que nous nous servions du mot domicile , nous n'entendons

» parler que du domicile de fait, c'est-à-dire de la résidence. » (Presc. n° 108.)

Les rédacteurs du Code n'ont point abandonné cette doctrine, car on lit dans l'exposé des motifs : que le propriétaire sera regardé comme présent lorsqu'il habitera dans le ressort. Et, en effet, qu'a voulu la loi ? Elle a voulu que le temps fût plus ou moins long, selon que le propriétaire pourrait savoir plus ou moins vite ce qui se passait relativement à son immeuble. Or, c'est évidemment de sa résidence qu'il sera plus vite instruit.

La prescription décennale est une juste faveur accordée à la bonne foi. Ses règles sont restrictives, on ne saurait les étendre au-delà des cas prévus. L'art. 2265 dit : Celui qui acquiert un *immeuble*. On ne peut donc l'invoquer que pour l'acquisition d'un ou de plusieurs immeubles déterminés, jamais pour une universalité de biens ou d'une quote-part de cette universalité. C'est alors la prescription de trente ans. Les immeubles incorporels sont évidemment soumis à cette règle : se prescrivent donc par une possession de dix à vingt ans, l'usufruit, l'usage, l'habitation, les servitudes réelles continues et apparentes ; sans doute, l'art. 690 nous dit que ces servitudes se prescrivent par trente ans. Mais ce n'est pas dire qu'elles ne se prescrivent pas par dix ans. Cet article, du reste, introduit un droit nouveau pour faire cesser les anciennes divergences de nos coutumes. Il n'entend nullement bannir une prescription à bon droit favorable et qui était généralement admise.

Section IV.

De quelques prescriptions particulières.

Cette section pose les règles de plusieurs prescriptions, connues autrefois sous le nom de prescriptions statutaires, parce qu'elles étaient établies par quelque statut local ; elles portent aujourd'hui le nom de courtes prescriptions.

§ 1er. — *Prescription de six mois* (art. 2271).

Cet article déclare prescriptibles par six mois trois espèces d'actions.

1o Celle des maîtres et instituteurs des sciences et arts, pour les leçons qu'ils donnent au mois. Que décider si l'enseignement n'est payable que par trimestre, par semestre ou par mois? M. Duranton, cherchant dans l'art. 2272 une analogie qui n'existe pas, admet la prescription d'un an. Mais la prescription est une peine, et une peine ne peut résulter que d'une disposition expresse. Ce cas rentre dans l'art. 2277; c'est donc la prescription quinquennale qui sera applicable. Car cet article dit, en effet, que tout ce qui est payable par année ou à des termes périodiques plus courts, se prescrit pas cinq ans.

2o Celle des hôteliers et traiteurs, à raison du logement et de la nourriture qu'ils fournissent. Mais à quelle prescription sera soumise la créance d'un simple particulier, ni traiteur, ni marchand, prenant en pension chez lui par complaisance un parent ou ami? La prescription quinquennale sera le plus souvent applicable, à moins que les parties, à raison de leur bonne amitié, n'aient rien fixé pour le paiement. Ce serait alors le cas de la prescription trentenaire.

3o Celle des ouvriers et gens de travail, pour le paiement de leurs journées, fournitures et salaires; qu'entendre par ces mots : gens de travail? Les discussions préparatoires du Code prouvent que le législateur a désigné par là ceux qui font un travail de peine, purement matériel. Car on lit dans l'exposé des motifs que ce délai de six mois sera réglé conformément à des usages anciens et éprouvés; or les coutumes entendaient par gens de travail les manouvriers ou gens de bras.

Qu'entendre encore par le mot ouvriers? Comment un simple ouvrier deviendra-t-il marchand, entrepreneur? Ce sera le plus souvent par des circonstances de fait qu'il faudra se décider? On admet cependant une règle générale pour le cas où l'ouvrier vend les objets qu'il confectionne: il faut examiner si c'est le caractère de vente ou de travail qui domine dans l'affaire.

3

§ II. — *Prescription d'un an.*

L'article 2272 s'applique à cinq classes d'actions :

1º Celle des médecins, chirurgiens et apothicaires, pour leur visites, opérations et médicaments. Les sages-femmes rentrent dans la catégorie des médecins ; non les gardes-malades : ce sont des femmes de journée.

2º Celle des huissiers, pour le paiement de leurs actes ou commissions. Les gardes du commerce ne sont pas des huissiers, on ne peut invoquer contre eux que la prescription trentenaire.

3º Celle des marchands, pour les marchandises qu'ils vendent aux particuliers non marchands. La prescription quinquennale ne s'applique donc que lorsque l'acte est commercial d'un côté seulement et du côté du vendeur.

4º Celles des maîtres de pension, pour le prix de la pension ; pour les autres, pour le prix de l'apprentissage.

5º Celle des domestiques qui se louent à l'année. Quant à ceux qui se louent pour un temps moindre, ils rentrent dans la catégorie des gens de travail, dont l'action se prescrit par six mois.

§ III. — *Prescription de deux ans et de cinq ans.*

La prescription de deux ans s'applique à deux espèces d'actions :

1º Contre l'action des avoués, pour le paiement de leurs frais et salaires. Il importe de distinguer si l'avoué a cessé d'occuper ou s'il occupe encore dans l'affaire. Notre prescription de deux ans ne s'applique qu'au premier cas. Dans le second l'action de l'avoué se prescrit par cinq ans à dater de sa naissance.

L'avoué ne peut donc rien réclamer s'il laisse passer deux ans après qu'il a cessé d'occuper dans une affaire, et cela, quel que soit le motif de la cessation. L'article 2273 ne parle que des cas les plus fréquents. Il est évident qu'il en serait de même s'il y avait décès de l'avoué ou s'il était destitué, ou si son office était supprimé. Telle est la doctrine de la Cour de Cassation ; la présomption de paiement est en effet la même dans tous les cas.

La prescription au surplus paraît devoir s'appliquer à toutes avances faites par l'avoué pour la marche judiciaire de l'affaire dont il était chargé et ne laisse place à la prescription ordinaire que quand l'avoué agit pour des affaires étrangères à son ministère. La disposition ne s'applique ni aux avocats, ni aux notaires, ni aux greffiers, ni même aux agréés, la loi n'ayant ici parlé d'aucune de ces professions.

2o Les actions en remises de pièces confiées à un huissier pour les signifier ou exécuter. Les deux années courent de la date ou de la signification, ou de l'exécution. Si l'huissier n'avait pas agi, on rentrerait dans le cas de la prescription de trente ans. Cette dernière serait également applicable s'il s'agissait de sommes reçues par l'huissier pour le client.

Prescription de cinq ans. — Elle est applicable : 1o Pour les frais et salaires des avoués dans les affaires où ils occupent encore, et le délai court ici dès la naissance même de la créance ; pour les actions en remises de pièces à intenter par les plaideurs, soit contre les avoués, soit contre les magistrats. Les cinq ans courent de la fin du procès.

Les autres cas font l'objet de l'art 2277. L'importance de cet article contraste vivement avec les dispositions de minime intérêt qui le précèdent. Il contient un grand principe d'humanité, et c'est une des gloires du législateur de 1804 de l'avoir édicté.

L'usure est, sans doute, un funeste fléau. C'est à bon droit qu'on l'a flétrie du nom de lèpre. Mais il est une chose dont les résultats sont plus désastreux : c'est la cruelle négligence de certains créanciers. Laisser sommeiller tranquille un débiteur pendant longues années, pour venir ensuite, dans la même demande, confondre et capital et intérêts échus, n'est-ce pas méditer à l'aise et réaliser sa ruine ?

Un débiteur, en effet, qui aurait pu, en se gênant, satisfaire peu à peu à son obligation, ne le pourra ensuite que par le sacrifice de sa fortune tout entière. C'est ce que le législateur empêche par cet art. 2277. C'est donc un article de conservation, de protection.

Bien avant 1804, on tenta la consécration de ce principe. Mais le dur

égoïsme fut longtemps un obstacle difficile à vaincre , et les lois ou ordonnances n'étaient pas exécutées ou ne l'étaient qu'en partie. Enfin ,
en 1510, Georges d'Amboise, ministre et ami de Louis XII, fit rendre une
ordonnance qui réduisit de trente années à cinq la prescription des arrérages des rentes constituées , par lesquels les débiteurs étaient *mis à
pauvreté et destruction*. Parut ensuite la belle ordonnance de 1629 ; elle
étendait les sages dispositions de son aînée. Mais, moins heureuse, elle
fut repoussée par ses contemporains qui, à leur grande honte, crurent la
flétrir en l'appelant Code Michaud. La province de Paris admit cependant
la disposition qui soumettait à la prescription de cinq ans les loyers et
fermages.

Vint enfin une grande époque où l'on savait faire exécuter les lois et
briser toute résistance. La loi du 20 août 1792 étendit aux rentes foncières la prescription quinquennale, et celles du 23 août 1793 aux rentes
viagères dues par l'Etat.

Ces progrès, quoique considérables, n'ont pas paru assez grands, et
notre législateur a étendu le principe à tous les cas de revenus passifs, en
disant dans l'article 2277 *in fine* : « Et généralement tout ce qui est payable par années ou à des termes périodiques plus courts, se prescrit par
cinq ans.» Cette formule est très compréhensible, d'une large portée. En
vain, on a voulu lui apposer des limites.

L'article énumère cinq cas d'application de cette prescription quinquennale. Se prescrivent par cinq ans : 1o les arréages de toutes rentes,
pour toutes les cinq années, à partir (en remontant) de la demande judiciaire ou de tout autre acte interruptif de la prescription ; 2o ceux des
pensions alimentaires ; 3o les loyers et fermages des biens ruraux. Il ne
s'agit point de locations d'appartements garnis. Le locateur ici est un hôtelier ou logeur dont la créance se prescrit par six mois (art. 2271); 4o aux
intérêts des sommes prêtées et généralement tout ce qui est payable par
années ou à des termes périodiques plus courts.

Ces derniers mots sont, comme nous venons de le dire, l'heureuse innovation apportée par le Code, innovation dont on veut cependant restreindre la portée. Ainsi , dit-on , la règle ne s'applique ni aux intérêts d'un prix de vente ; ni à ceux d'une dot, ni surtout, et c'est ici le plus vif de la controverse, aux intérêts moratoires; pour les en exclure, on se fonde sur une triple raison.

1º Le créancier ayant obtenu un jugement, ne peut pas être accusé de négligence; ainsi disparaît la raison d'être de l'article. Qui ne voit au contraire qu'elle reste tout entière ! Sans doute le créancier n'a pas été négligent en obtenant un jugement, mais ne l'est-il pas en restant dix, vingt années sans le faire exécuter ? Le débiteur mis en demeure a sans doute quelques reproches à s'adresser de ne pas payer sa dette. Le législateur toutefois n'a considéré que la négligence du créancier, et elle est ici évidente. Aussi Henrys , rappelant les paroles du docte Aymond, disait-il : « qu'on n'a pas voulu blâmer la demeure du débiteur, mais la seule né- « gligence du créancier , et c'est en haine d'icelle qu'on le forclot. »

2º Le jugement étant une interpellation de tous les instants, la prescription quinquennale est impossible. Cette deuxième raison conduit à une grossière hérésie : car il en résulterait que la prescription du capital serait de 60 ans, et celle des intérêts de 35 ans, puisqu'elle ne pourrait commencer qu'après la disparition de cette cause d'interruption. Le jugement prononcé, la prescription recommence immédiatement, sauf au créancier à recourir à de nouveaux actes interruptifs.

3e La troisième raison n'est pas plus concluante ; on invoque le texte, et l'on dit : la loi ne parle que de ce qui est payable par termes périodiques. Or, les intérêts moratoires sont exigibles à chaque instant. C'est une méprise, car la loi s'occupe de ce qui est payable par termes. Or, les intérêts moratoires se paient bien par termes, par années, comme les autres.

Dn reste l'esprit de la loi répond à son texte : la loi a voulu empêcher la ruine des débiteurs, en interdisant l'accroissement successif des intétêts. Mais la qualité des intérêts n'empêche pas leur accroissement. Le législateur a résolu lui-même toutes difficultés sur ce point ; on lit dans l'exposé des motifs : « La crainte de la ruine des débiteurs étant admise » comme un motif d'abréger le temps ordinaire de la prescription, on ne

» doit excepter aucun des cas auxquels ce motif s'applique ». Donc la règle s'étend à toute espèce d'intérêts ; et cette prescription étant d'ordre public, elle opérerait nonobstant l'aveu formel de non-paiement.

§ 4. — *Règles communes à diverses prescriptions.*

(Articles 2274, 2275, 2278).

L'art. 2278 ne présente pas de difficultés. Il s'applique à la section tout entière, tandis que les deux autres sont particuliers à certains cas. Toutes ces courtes prescriptions courent donc contre les mineurs et interdits, sauf leur recours contre leur tuteur.

Mais l'art. 2274 a donné lieu à controverse. Il faut ici, comme chaque fois que la loi est muette, se décider par les principes généraux du droit.

Cet article nous dit que les prescriptions de six mois, deux ans, cinq ans ont lieu quoiqu'il y ait eu continuation de fournitures, il est fondé en raison. La présomption de paiement sur laquelle, en effet, reposent toutes ces courtes prescriptions, loin de s'affaiblir ne fait que se fortifier par la continuation des services, etc. Les services continués sont la meilleure preuve de la bonne harmonie qui existe entre le créancier et le débiteur. Ce qu'il importe de déterminer, c'est le point de départ de la prescription. Comment reconnaître ce qui constitue un travail distinct, par exemple, et ce qui constitue les différentes parties d'un même travail ? Dans le silence du Code sur ce point, il faut examiner le droit commun.

Or, le droit commun c'est que la prescription d'une créance ne commence qu'à son exigibilité. D'après cela, le point de départ de ces prescriptions sera l'époque du paiement fixé par la convention des parties ou par l'usage. A l'aide de ce principe, toutes les difficultés sont résolues. Ainsi, et c'est le point le plus controversé, l'usage étant qu'un médecin ne soit jamais payé qu'à la fin de la maladie, et le malade qui a dû compter sur l'application de cet usage en l'absence de toute stipulation contraire, n'étant dès-lors qu'un débiteur à terme jusqu'à ce que son état cesse de réclamer les soins du médecin, la prescription ne peut donc pas courir jusque-là.

Ces courtes prescriptions cessent de courir s'il y a eu compte arrêté, cédule ou obligation. En présence d'un titre, la présomption de paiement disparaît : le créancier n'a pas le même motif d'agir dans un bref délai; d'un autre côté, le débiteur aura soin de se faire fournir quittance. On rentre alors dans le droit commun, et la prescription est celle de trente ans ou bien de cinq ans, s'il s'agissait de sommes payables à des termes périodiques d'un an ou au-dessous. Mais pour ce dernier cas, il faut que l'écrit soit rédigé à l'origine; que s'il était rédigé plus tard, la nouvelle dette ne serait prescriptible que par trente ans, les sommes échues ayant été capitalisées, et par conséquent n'étant plus susceptibles d'accroissement.

Comme nous l'avons dit, l'article 2275 est relatif aux trois premiers de la section. Il permet au créancier de déférer le serment soit au débiteur, soit à la veuve ou à ses héritiers. Si le serment est déféré au débiteur, il doit affirmer qu'il a payé la dette; si, à la veuve, ou aux héritiers, ils doivent seulement affirmer qu'ils ne savent pas que la chose soit due.

§ 5. — (Articles 2279, 2280).

L'ancienne jurisprudence française était flottante sur l'acquisition des effets mobiliers par prescription. Le Code a consacré celle du Châtelet de Paris. Or cette jurisprudence se traduisait par un mot bien énergique qui révèle on ne peut mieux la signification, la portée de l'art. 2279, puisqu'il en est la reproduction fidèle, même littérale, comme nous allons le voir : On disait au Châtelet : « *Pour les meubles, il n'y a pas de prescription.* » C'est-à-dire que l'effet immédiat de la possession est de transférer la propriété : Je possède avec les conditions voulues, donc je suis propriétaire. Et Bourjon développant cette idée, ajoute : «La possession » d'un meublé vaut titre parfait, titre de propriété; puis, en fait de

» meubles, la possession vaut titre, et ces mots sont devenus les premiers
» de notre article. »

Comment douter de leur sens, surtout avec l'exception que le législateur apporte lui-même à la règle. Néanmoins, en cas de perte ou de
vol, on a trois ans pour revendiquer le meuble ; donc, ces deux cas ex-
ceptés , les meubles n'ont pas suite.

Mais pour que la possession produise d'aussi énergiques effets , il faut
deux conditions : il faut que le possesseur soit de bonne foi , et qu'il y
ait un juste titre. Exigée par l'ancienne jurisprudence , la bonne foi l'est
encore par le Code (art. 1141); il faut en second lieu , se metre en
possession en vertu d'une cause légale d'acquisition , d'achat, d'échange.
Sans ces modes légaux de transmission de propriété, comment posséder
animo domini ?

Le titre qui est exigé c'est le titre inefficace d'acheteur, d'échangiste, etc.
Quant à l'*instrumentum*, il n'en est pas question. Son absence est même
une des raisons d'être de cette prescription.

La possession avec ces deux conditions confère donc instantanément
la propriété des meubles ; mais l'art. 2279 n'est fait que pour le seul et
unique cas de prescription , et il ne peut s'appliquer à aucune autre hy-
pothèse que celle de la possession d'un meuble acquis à *non domino* , avec
juste titre et bonne foi.

La facilité des transmissions des meubles et les nécessités commercia-
les ont fait admettre cette prescription. De cette double idée , on doit
conclure que la prescription instantanée ne s'applique qu'à tous les biens
meubles qui se transmettent de la main à la main. Les universalités mo-
bilières ou immobilières n'ont jamais été soumises qu'à la prescription
trentenaire.

Si le meuble a été perdu ou volé , le tiers acquéreur avec juste titre
et bonne foi , n'en devient pas propriétaire instantanément , mais seulement dans trois ans à dater de la perte ou du vol. La prescription trentenaire seule transmettrait la propriété au voleur ou à celui qui a trouvé
le meuble perdu.

Mais si le possesseur actuel de la chose volée ou perdue l'a achetée dans une foire ou dans un marché, ou dans une vente publique , ou d'un marchand vendant des choses pareilles , le propriétaire originaire ne peut se la faire rendre qu'en remboursant au possesseur le prix qu'elle lui a coûté. — Du reste, cette faculté de revendiquer étant une disposition exceptionnelle, ne saurait dès lors s'étendre au-delà des limites indiquées par la loi , et le mot vol doit s'entendre dans le sens de l'art 379 C. P. , c'est-à-dire que le vol est une soustraction frauduleuse.

Le Code est terminé par une disposition toute de faveur , destinée à faciliter le passage de l'ancienne législation à la nouvelle (art. 2281).

Cet article, qui n'aura du reste guère d'application désormais, à cause du demi-siècle qui nous sépare de la promulgation du Code , est relatif à tout le titre XX , et à toutes les prescriptions édictées dans les autres parties du Code Civil ; il s'applique à toutes les règles des prescriptions.

Procédure Civile.

TITRE XX.

Du renvoi pour parenté ou alliance et des autres renvois proprement dits.

On ne concevrait guère une société possible sans une justice instituée; elle est comme la gardienne vigilante de nos droits. Mais pour qu'elle produise tous les fruits qu'on doit en espérer, il faut, selon la belle pensée de Bentham , qu'elle ne soit pas seulement réelle, mais encore apparente, c'est-à-dire que la sentence du juge ne doit pas même inspirer le plus léger soupçon. A ce titre seulement, elle conservera le respect qu'elle ne doit jamais perdre. Ce sont ces vues élevées qui ont guidé le législateur dans la rédaction du titre vingtième.

Des membres d'un tribunal sont parents ou alliés de l'une des parties en discussion devant lui. La voix du sang ou de l'amitié peut être plus forte que la voix de la conscience et du devoir. Si la partie adverse le redoute, elle peut, au moyen du renvoi , aller devant d'autres juges.

On peut donc définir la demande en renvoi une exception déclinatoire par laquelle le tribunal, saisi d'une contestation , est récusé en entier, à raison de la parenté ou alliance avec la partie contre laquelle on oppose cette demande.

Le renvoi dont nous nous occupons, diffère de ceux dont il est parlé au titre des exceptions. Ici, le jugement qui prononce le renvoi doit indiquer le tribunal où l'affaire sera portée , et la procédure y est reprise au point où on l'avait laissée ; le contraire précisément a lieu pour ces autres déclinatoires.

Le renvoi peut être demandé pour cinq causes, la quatrième est la seule dont s'occupe le titre XX.

1° Suppression d'un tribunal. — Ordinairement le tribunal qui le remplace , est indiqué par la même loi qui supprime le premier.

2° Le renvoi pour cause de suspicion légitime (loi du 27 ventôse an VIII), doit être demandé à la cour suprême.

3° Sureté publique. — Le ministère public seul peut le demander.

4° Insuffisance du nombre des juges ou des avoués.— Puisqu'aucun texte de loi n'attribue compétence exclusive à la Cour de Cassation, il est naturel d'autoriser les parties à se pourvoir devant la Cour impériale.

5° Parenté ou alliance.

Tout ce qui concerne cette cinquième cause peut se ramener à cinq questions : 1° dans quel cas le renvoi pour parenté ou alliance peut être demandé ; 2° par qui peut-il l'être ; 3° à quelle époque et devant qui la demande doit être formée ; 4° manière de l'instruire et de le juger ; 5° recours ouvert contre ce jugement.

§§ 1, 2.

L'art. 368 répond à la première question : « Lorsqu'une partie aura
» deux parents ou alliés jusqu'au degré de cousin issu de germain inclu-
» sivement parmi les juges d'un tribunal de première instance, ou trois
» parents ou alliés au même degré dans une Cour impériale ; ou lors-
» qu'elle aura un parent dudit degré parmi les juges du tribunal de pre-
» mière instance ou deux parents dans la Cour impériale , et qu'elle
» même sera membre du tribunal ou de cette Cour, l'autre partie pourra
» demander le renvoi. »

La récusation pourrait ne pas offrir des garanties suffisantes Les magistrats récusés n'exerceront-ils pas une influence volontaire ou involontaire sur l'esprit de leurs collègues ? Notre article est motivé sur ces craintes possibles de l'une des parties. Il s'applique aux tribunaux de commerce comme aux tribunaux civils. Pour les justices de paix, le renvoi se confond avec la récusation.

Les juges suppléants faisant partie du tribunal, nous pensons qu'on doit les assimiler aux juges. Il en est de même des magistrats du ministère public.

Que si le cas prévu par l'art. 368 ne se présentait pas, mais qu'il y eût d'autres motifs de craindre la partialité du tribunal saisi, on pourrait demander le renvoi pour cause de suspicion légitime.

Le renvoi ne peut être demandé que par l'adversaire de la partie avec laquelle existe la parenté ou alliance. Mais ne pouvant être demandé qu'après introduction d'instance, il s'ensuit qu'il peut l'être par celui qui a saisi le tribunal.

§ 3.

Le renvoi doit être demandé avant le commencement de la plaidoirie ; et , si l'affaire est en rapport , avant que l'instruction soit achevée , ou que les délais soient expirés , sinon il ne sera plus reçu. (Art 369.) Après cette époque la demande serait rejetée comme tardive , à moins qu'elle ne reposât sur une cause postérieure, comme si l'une des alliances n'avait été contractée que depuis lors. L'article 382 le décide par rapport à la récusation. Comme le dit avec raison M. Pijeau (t. 1 , p. 419), il reçoit ici son application parce qu'il est fondé sur les mêmes motifs.

Une partie condamnée par défaut peut , sur son opposition, former demande en renvoi. L'opposition valable remet en effet les choses dans l'état où elles étaient à partir de l'assignation. Mais celui qui a obtenu le défaut , ne peut plus former cette demande. En l'obtenant, il a plaidé ; et puis n'est-il pas censé avoir reconnu l'*im*partialité des juges ?

§ 4. — (Articles 370 , 371 , 372).

La demande en renvoi doit être proposée par acte fait au greffe du tribunal saisi de la contestation. Cet acte renferme les moyens et les conclusions de la partie qui comparaît, assistée de son avoué , pour requérir le renvoi. Il est signé d'elle ou de son fondé de procuration spéciale et authentique, et alors la procuration est annexée à la minute de l'acte. Il faut en effet pouvoir s'assurer si le mandataire avait des pouvoirs suffisants.

La rédaction de l'article 370 prouve que la demande ne doit pas être faite par requête déposée au greffe ; il dit : *sera proposé par acte au greffe.* Ces mots supposent évidemment que la partie ou son procureur fondé vont au greffe et que le greffier rédige l'acte qui contient la demande. Le tarif lui-même en fournit la preuve , puisqu'on y trouve un droit de vacation pour l'avoué , *qui aura assisté la partie , et cela pour y former la demande.*

« Sur l'expédition du dit acte , porte l'article 371 , présenté avec les « pièces justificatives , il sera rendu jugement qui ordonnera , 1o la com- « munication aux juges à raison desquels le renvoi est demandé, pour « faire, dans un délai fixe, leur déclaration au bas de l'expédition du « jugement ; — 2o la communication au ministère public ; — 3o le rap- « port, à jour indiqué par l'un des juges nommés par le dit jugement. »

Les juges récusés ne peuvent prendre part à ce jugement ; il ne serait pas conséquent qu'ils ordonnassent une communication à se faire à eux-mêmes.

L'expédition de ce jugement est signifiée aux parties (article 372 1o). Cette signification n'est pas ordonnée en matière de récusation , la raison de la différence est facile à saisir : la demande en renvoi peut priver une partie de ses juges naturels, et l'obliger de se transporter devant des juges éloignés, la récusation n'a jamais ces conséquences. Ces significations se font par acte d'avoué à avoué avant la communication aux juges parents ou alliés. Pour ces derniers , les communications prescrites par le jugement préparatoire , se font par la voie du greffe.

Article 373. — Quand les juges ont formé leurs réponses au bas de l'expédition , ou quand les délais pour le faire sont expirés , le ministère public et le rapporteur nommé , reçoivent à leur tour communication des pièces. Enfin, au jour d'audience fixé par le jugement préparatoire, les parties exposent leurs moyens, le rapporteur est entendu, le ministère public donne ses conclusions, et le tribunal rend son jugement définitif.

La demande a-t-elle été accueillie ? le tribunal renvoie par son jugement les parties et la cause devant un tribunal égal en degré de juridiction. Nous ne pensons pas que la demande en renvoi puisse être justifiée par la preuve testimoniale : la parenté ou l'alliance sont des faits qui se prouvent par des actes de l'état civil.

La demande est-elle rejetée ? celui qui l'a formée est condamné à une amende qui ne peut être moindre de 50 fr., sans préjudice des dommages-intérêts de la partie, s'il y a lieu : comme si le renvoi avait été visiblement demandé pour retarder le jugement du fond.

§ V.

Lorsque le jugement sur une demande en renvoi, n'est pas attaqué par la voie de l'appel, ou que l'appelant a succombé, on en poursuit l'exécution. Pour cet effet, la partie la plus diligente le fait signifier à l'autre. La signification de ce jugement est faite à personne au domicile, avec simple assignation pour comparaître devant la cour ou le tribunal désigné pour connaître la demande principale. La procédure est continuée d'après ses derniers errements. — Si le renvoi est rejeté, le jugement est simplement signifié d'avoué à avoué, pour qu'ils aient à continuer devant les mêmes juges la procédure commencée.

S'il est interjeté appel, il faut se conformer aux dispositions réglementaires des articles 392, 393, 394, 395 Code Procédure.

Quand c'est un tribunal de première instance qui juge la demande en renvoi, son jugement est sujet à l'appel, quoique le fond doive être jugé en dernier ressort. L'appel n'est pas ouvert aux juges qui donnent lieu à la demande, parce que leur dignité n'est pas blessée par l'allégation de parenté ou alliance.

Dans tous les cas, l'appel du jugement de renvoi sera suspensif.

Droit Criminel.

De la police judiciaire et des officiers de police qui l'exercent.

(Code d'Instruction Criminelle, art. 8 à 54).

Les matières comprises dans ces articles peuvent se ramener à ces trois idées : 1º organisation de la police judiciaire.; 2º attributions des maires, adjoints et commissaires de police.; 3º des procureurs impériaux et de leurs substituts.

Organisation de la police judiciaire.

Le Code du 3 brumaire an IV a déterminé avec une précision singulièrement énergique la mission sociale de la police. Son art. 16 portait : « La police est instituée pour maintenir l'ordre public, la liberté, la » propriété, la sûreté individuelle. » C'est en faire, on le voit, l'auxiliaire obligé de la justice ; et à ce point de vue son importance ne peut pas être contestée.

On peut définir la police en général : la surveillance exercée au nom de la société dans le but d'assurer l'observation des lois, et de protéger la sécurité publique.

Elle se divise en police administrative et judiciaire. La police administrative prévient, la police judiciaire réprime.

Les art. 9 et 10 énumèrent les divers agents qui l'exercent. Ce qui frappe dans cette organisation c'est son admirable harmonie, harmonie que l'on trouve du reste dans toute notre grande administration française, une des plus magnifiques gloires de Napoléon Ier. — Garde-champêtre, maire et adjoints, commissaires dans la commune ; juge de paix et commissaire dans le canton ; procureurs impériaux, juge d'instruction, officiers de gendarmerie dans les arrondissements ; préfets dans les départements ; procureurs généraux dans le ressort de la Cour, enfin ministres, donnant une impulsion universelle, partout, chacun dans son ressort, exécute les ordres reçus avec la même entente, et travaille au maintien de l'ordre public.

Attributions.

Les faits punissables, on le voit, sont divisés par l'art. 1er du Code Pénal en trois classes : crimes, délits, contraventions. A chaque classe répond une juridiction différente. Cette division tripartite sert aussi à déterminer les attributions des divers agents.

CHAPITRE PREMIER.

Maires, Ajoints, Commissaires de police.

Les commissaires de police, et là où il n'y en a pas, les maires ou leurs adjoints recherchent les contraventions de police, même celles qui sont sous la surveillance des gardes champêtres et forestiers, à l'égard desquels ils ont concurrence et même prévention.

S'il y a plusieurs commissaires de police dans une localité, le préfet peut leur assigner un territoire sur lequel ils exerceront plus spécialement leur autorité.

La contravention constatée, les maires ou adjoints remettent dans les trois jours à l'officier du ministère public toutes les pièces et renseignements.

Gardes Champêtre et Forestier.

Les gardes champêtre et forestier sont considérés comme officiers de police judiciaire. Ils sont chargés de rechercher dans tout leur territoire les délits et contraventions qui ont porté atteinte aux propriétés rurales et forestières. Ils sont placés sous la surveillance du procureur impérial.

Garde Champêtre.

Les communes comme les simples particuliers peuvent avoir leur garde. Les premiers, institués par la loi du 30 avril 1790, sont nommés par le maire avec approbation du conseil municipal, et agréés par le sous-préfet ou le préfet. Ils sont assermentés devant le juge de paix.

Les propriétaires, même les fermiers, ont le droit d'établir des gardes. Ils sont nommés par le préfet et assermentés devant le juge de paix.

Garde Forestier.

Il y en a encore de deux sortes : gardes de l'Etat et des établissements publics ; gardes des particuliers.

Les premiers sont nommés par l'administration forestière, et assermentés devant le tribunal de première instance. Les seconds sont nommés par le préfet, et assermentés devant le tribunal.

Ils recherchent les délits et contraventions ; mais ils ne peuvent s'introduire dans le domicile des particuliers pour saisir les objets volés, sans l'assistance du maire ou du juge de paix. S'ils le faisaient, ils seraient passibles des peines portées par l'art. 184 Code Pénal, pour violation de domicile, et leur procès-verbal frappé de nullité. En cas de flagrant délit, ils doivent conduire le délinquant devant le maire ou le juge de paix.

Leurs procès-verbaux affirmés le lendemain au plus tard devant le juge de paix ou le maire, et enregistrés, sont transmis à l'administration

forestière, s'ils ont été faits par un garde de l'Etat ; ou bien pour les autres, à l'officier remplissant les fonctions du ministère public.

CHAPITRE IV.

Des procureurs impériaux et de leurs substituts.

Les procureurs impériaux sont chargés de constater les crimes et les
délits. Chefs de la police judiciaire dans chaque arrondissement, ils ont
pour auxiliaires (articles 48, 50 et suivants), les commissaires de police,
les officiers de gendarmerie, les maires et adjoints ; en cas de concurrence,
le procureur impérial pourra continuer les diligences, ou bien charger
un officier de police de les continuer. (Art. 51).

Le procureur compétent sera celui du lieu où résidera le prévenu, celui
du lieu où il pourra être trouvé, ou celui où le crime aura été commis.

Attributions : il faut distinguer les cas ordinaires, et les cas de flagrant
délit ; dans ce dernier cas, les attributions des officiers de police judiciaire sont beaucoup plus étendues.

§ 1er — *Cas ordinaires.*

Les officiers de police judiciaire peuvent recevoir les dénonciations et
les plaintes.

Les dénonciations sont les actes par lesquels on fait connaître les faits
punissables. Le Code des délits et des peines les divisaient en officielles
et civiques. Les premières émanaient des fonctionnaires publics ; les secondes des simples particuliers. Il y a obligation pour le simple particulier
comme pour le fonctionnaire de dénoncer le fait punissable au procureur
impérial, mais pour les particuliers, l'obligation n'a pas de sanction.

La plainte diffère de la dénonciation en ce qu'elle émane d'une personne
qui est intéressée, qui a droit à une réparation pour un préjudice éprouvé.

Toute personne qui se prétend lésée peut se porter partie civile devant le juge d'instruction du lieu.

L'article 31 énumère les formes à suivre pour les dénonciations et les plaintes : elles sont rédigées par écrit ou par leurs fondés de procuration spéciale, ou par le procureur impérial s'il est requis ; elles seront toujours signées par lui à chaque feuillet, ainsi que par le dénonciateur ou leurs fondés de pouvoir.

Tant qu'il n'y a pas eu jugemeut, le plaignant peut se porter partie civile en tout état de cause, mais il doit élire domicile ; les significations doivent y être faites.

Dans le cas de dénonciation de crimes ou délits autres que ceux qu'ils sont directement chargés de constater, les officiers de police judiciaire transmettront aussi sans délai au procureur impérial les dénonciations qui leur auront été faites, et le procureur impérial les remettra au juge d'instruction avec son réquisitoire. (Art. 54.)

§ 2. *Flagrant délit.*

Les attributions, dans ce cas, sont beaucoup plus étendues. Le procureur impérial pourra se transporter sur les lieux, faire des perquisitions, saisir les pièces de conviction, décerner même des mandats d'amener.

Le délit qui se commet actuellement ou qui vient de se commettre, est un flagrant délit (Art. 41.) Ainsi un attroupement séditieux ne se dissipe pas sur les injonctions des officiers de police ; il est suivi de rébellion, voilà un cas de flagrant délit.

Il y a trois cas assimilés au flagrant délit :

1o Le prévenu est poursuivi par la clameur publique; 2o celui où le prévenu est trouvé saisi de pièces de conviction peu à près le délit, il faut que cela se passe dans un délai laissé à l'appréciation des officiers de police ; 3o (art. 46). le cas où un crime ou un délit même non flagrant, ayant été commis dans l'intérieur d'une maison, le chef de cette maison requerra le procureur impérial de le constater.

Les attributions des officiers de police judiciaire sont, dans ce cas, à peu près les mêmes que celles des juges d'instruction. Il faut, toutefois, que les faits soient de nature à entraîner une peine afflictive ou infamante.

Dans le cas de l'art. 46, les officiers de police peuvent agir, soit que le fait constitue un crime ou un délit.

Arrivé sur le théâtre du crime ou du délit, l'officier de police peut défendre que personne sorte de la maison ou s'éloigne du lieu jusqu'à la clôture de son procès-verbal. Le procès-verbal est signé du commissaire de police de la commune ou du maire, ou de l'adjoint, ou de deux personnes y domiciliées.

Pour saisir les pièces de conviction, il est nécessaire de faire souvent des perquisitions dans le domicile du prévenu. Elles doivent être faites en sa présence. Elles ne sont permises qu'au domicile du prévenu et des complices. Le juge d'instruction le fera dans le domicile des tiers s'il le trouve convenable. (Art. 88.) L'officier de police pourrait requérir des ouvriers pour forcer les portes, si le prévenu se refusait à les ouvrir.

Enfin, les officiers de police peuvent saisir les inculpés ou lancer contre eux des mandats d'amener. Mais il faut que le fait soit de nature à entraîner une peine afflictive ou infamante, et qu'il existe des indices graves contre le prévenu. Ces diligences faites, les pièces seront remises au juge d'instruction qui commencera la procédure nécessaire.

Cette Thèse sera soutenue, en séance publique, dans une des salles de la Faculté, le 3 août 1855.

Le Président de la Thèse

DUFOUR.

Toulouse, Imprimerie Troyes OUVRIERS REUNIS, rue Saint-Pantaléon, 5.

TOULOUSE
OUVRIERS RÉUNIS
St-Pantaléon, 3.